I0797399

TINTA · INTRODUCCIÓN A LA PINTURA Y CULTURA CHINA
CONOZCAMOS A LOS PINTORES FAMOSOS

UN TALENTOSO GENIO DE JIANGNAN LLAMADO:

Zeng Zirong / Jefe Editor

Zhou Jianxiao / Autor

Un Talentoso Genio de Jiangnan Llamado: Tang Bohu

Jefe Editor: Zeng Zirong
Autor: Zhou Jianxiao

Primera edición: 2021
Royal Collins Publishing Group Inc.
BKM ROYALCOLLINS PUBLISHERS PRIVATE LIMITED
www.royalcollins.com

Sede central: 550-555 boul. René-Lévesque O Montréal (Québec) H2Z1B1 Canada
Sede de la India: 805 Hemkunt House, 8th Floor, Rajendra Place, New Delhi 110 008

ISBN: 978-1-4878-0822-8

ÍNDICE

Cuando se trata de hablar del más famoso entre los antiguos pintores chinos, tenemos que otorgar esta posición a Tang Bohu. Los pintores chinos tradicionales dan a menudo una impresión vieja y solemne, pero Tang Bohu es claramente un caso excepcional. Esto no solo se debe a su elegante título de "Primer talento de Jiangnan" sino que también, ha personificado la imagen de un hombre libre y sin restricciones durante ya cientos de años; esto lo constatamos en una variedad de historias vívidamente transmitidas por las generaciones posteriores, aludiendo a él como el motivo de esos ideales. Ahora, con relación a su nombramiento como "Primer talento de Jiangnan", a veces la gente se queda ahí sin indagar por la verdadera personalidad de Tang Bohu. De hecho, cuando desplegamos el pergamino y miramos sus pinturas y poemas, descubriremos que hay un Tang Bohu más interesante, complejo y conmovedor.

Capítulo 1

BIOGRAFÍA DEL PINTOR

La historia de la ciudad de Suzhou

Desde la antigüedad, Suzhou ha sido conocida por ser una tierra fértil y rica en propiedades, también como un lugar preciado por los poetas, quienes se esmeraban por alabarla. Durante la dinastía Ming, Suzhou se había convertido en una de las metrópolis más prósperas del país, así como también en un conocido centro artístico. Nuestro protagonista nació en esta floreciente ciudad.

Tang Guangde, el padre de Tang Bohu, administraba una taberna. Aunque sus ingresos eran buenos, no quería que su hijo terminara haciendo negocios como él. En ese momento, el estatus social de los empresarios no era tan alto. Solo estudiando mucho, tomando el examen imperial y ganando fama podrían obtener mayor reconocimiento social. Como la mayoría de los futuros padres, Tang Guangde también depositó las esperanzas en su hijo, contrató a un tutor para que lo entrenara cuidadosamente y esperaba que esto le ayudara a marcar una diferencia en su carrera y que el estatus de la familia Tang sobresaliera.

Tang Bohu respondió a la altura de las expectativas de su padre; era inteligente y ponía en práctica sus lecciones tan pronto aprendidas. A los once años, su caligrafía era sobresaliente. A la edad de dieciséis años ganó el primer lugar en el examen infantil de Suzhou. Y desde ese entonces todos los académicos de Suzhou conocerían su nombre.

Fragmento de "Suzhou la Próspera"

Un Calamidad Desde de lo Alto

Tang Bohu vivió una vida juvenil despreocupada; lectura, poesía, pintura y juegos, en otras palabras, él andaba libremente por ahí, viviendo a gusto. Pero a la vuelta de unos años, la familia sufrió un repentino estrellón: el padre, la esposa, la madre y la hermana fallecieron en tan solo el periodo de dos años. Tang Bohu quedó totalmente desconsolado y, a su corta edad, es como si hubiese envejecido fortuitamente, se rindió a la bebida y andaba todo el día confundido.

Pasaron dos años en este trance y confusión, antes de que Tang Bohu volviera a retomar los libros alentado por sus amigos. A los veintinueve años, tomó el examen provincial y ganó el primer puesto con su elegante y libre estilo, ¡con esto solucionó la escuela secundaria! El talento innato lo llevó a desenvolverse mejor que los demás. Tang Bohu, que estaba contento bajo la brisa de la primavera en la sala de examen, ¡no sabía que había un gran líder esperándolo!

"Ciruelo"
Dinastía Ming, Tang Bohu
96 cm × 36 cm
Colección del Museo del Palacio

¡Injusticia, injusticia!

Después de tomar el examen, Tang Bohu finalmente salió a flote desde el suelo de su vida y decidió partir con rumbo a Beijing para participar en un examen de un nivel superior.

En el camino hacia el examen, conoció a Xu Jing, un discípulo adinerado que también tomaría el examen. El hombre, con sexapil y personalidad extravagante invitó a Tang Bohu a comer, beber y divertirse. A su llegada a Beijing, no se sintió cómodo ni preparado para tomar el examen. En cambio, decidió visitar a los ministros de Corea del Norte y de China, y estuvo particularmente cerca de un funcionario llamado Cheng Minzheng como un preludio a la solicitud de que fuera él quien presentara su colección de poemas. Estos movimientos en las altas esferas fueron recordados en silencio por otros candidatos al examen.

Fue una coincidencia que el día del examen, ¡Cheng Minzheng resultara ser el examinador! Ante este hecho, el resto de los candidatos tenían un nuevo asunto para freír en la sartén: sospechaban que Xu Jing y Tang Bohu engancharon a Cheng Minzheng en privado y obtuvieron por adelantado las preguntas. Este rumor se extendió a los oídos del emperador, quien reaccionó tan enojado que ordenó una investigación minuciosa sobre el caso de fraude en el campo académico.

El examen fue pospuesto y Tang Bohu, Xu Jing y Cheng Minzheng fueron llevados a la cárcel para ser investigados. Al finalizar la investigación, se concluyó que ninguno de los dos sobornó al examinador. Fueron absueltos, pero sus puntajes de prueba fueron invalidados e irrecuperables, y sin saberlo quedaron marcados por el resto de su vida. Era imposible aspirar nuevamente a ser un funcionario oficial. De esta manera, Tang Bohu regresó a su ciudad natal en Suzhou indignado, y su trayectoria de vida tuvo que ser completamente reescrita desde ese entonces.

"El Retorno sobre un Burro"
Dinastía Ming, Tang Bohu
77.7 cm × 37.5 cm
Colección del Museo de Shanghai

Hay un poema escrito por Tang Bohu en una de sus pinturas: "Rogando por no regresar, sigo igual, montando un burro hacia Cuiwei..." refiriéndose al poema "El retorno". Se especula que esta pintura podría haber sido realizada en el tiempo en el que Tang Bohu estaba de regreso.

Fragmento de "El Retorno sobre un Burro"

Un Juego de Fortunas

A lo largo de los siglos en China, hacer trampa en los exámenes ha sido considerado repulsivo. En tan solo medio año, Tang Bohu pasó de ser un talento admirado por todos a un objeto de reproche, y su imagen se desplomó. Le escribió una carta a su amigo para desahogarse: "todos pronuncian mi nombre entre dientes, todos aprietan los puños, como si se enfrentaran a un enemigo. Independientemente de si se sabe o no la verdad, me reniegan". Es realmente triste leer esta carta. Después del fraude del examen imperial, la segunda esposa de Tang Bohu también se divorció de él y se llevó todos los bienes de la familia. Sin la esperanza de ganar fama o crédito, y en una situación económica precaria, a la edad de 30 años, Tang Bohu decidió estudiar formalmente con el pintor profesional Zhou Chen como su maestro, y estudió pintura de manera sistemática, embarcándose en el camino de vender pinturas para ganarse la vida.

Las pinturas de Tang Bohu están llenas de características personales: no solo son elegantes y cuentan con el carácter de los artesanos y pintores profesionales, sino que también son raras y admiradas por los literatos. Hay un ingenio oculto elaborado adrede por el artista; sus pinturas se vuelven muy populares en el círculo pintoresco de Suzhou, y por ende las ventas son excelentes. Este puede convertirse en el destino de una persona desvergonzada pero talentosa. Tang Bohu no pudo embarcarse en la tan esperada carrera que aspiraba su padre y él mismo. La comprensión del genio y la presión de la vida lo llevaron al mundo del arte. Él no pudo ir directamente a las posiciones oficiales, pero se hizo famoso por sus logros artísticos y se convirtió en el "Talento y Genialidad de Jiangnan" con el que estamos familiarizados hoy.

"Pesca Oculta tras la Montaña"
Dinastía Ming, (Biografía) Tang Bohu
30 cm × 610 cm

Capítulo 2

UN RÍO RECIO EN LA MONTAÑA

Diario de viaje de Tang Bohu

Pareciera haber un vínculo emocional especial entre los chinos y el paisaje: ellos elogian el paisaje con poesía, lo describen con caligrafía y lo representan con un pincel. El paisaje nunca decepciona, siempre puede curar a quienes buscan refugio en él. Después de la experiencia personal del tal "fraude", Tang Bohu utilizó las historias de esos antiguos sabios que habían sufrido desventuras para alentarse a salir de su propia adversidad, esta actitud marcaría la diferencia. Rejuveneció dentro de sí y viajó miles de millas, viviendo experiencias que pronto se transformarían en maravillosas pinturas paisajísticas, ahora contadas como sus obras más representativas.

Desde los treinta y dos años, Tang Bohu viajó por Jiangxi, Hunan, Fujian, Zhejiang y otras provincias, y disfrutó de muchas rarezas cosmopolitas. Zhenjiang fue su primera parada. Se detuvo en la montaña Jinshan y atisbó desde ahí a la montaña Jiaoshan en medio del río, luego tomó un bote hacia Jiangxi y recorrió el majestuoso y magnífico Lushan bajo una ligera lluvia. Más adelante, fue a la montaña Nanyue Heng, seguido por la montaña Wuyi y la montaña Yandang, y cruzó el mar hasta la montaña Putuo para ver el magnífico amanecer en el mar.

En la antigüedad, los medios de transporte no eran tan favorables, y pocas personas podían viajar por las montañas y ríos como él lo hacía. Este viaje abrió los ojos de Tang Bohu de par en par. También es por esta razón que sus pinturas siempre contienen una magnificencia y elegancia que son raras en la literatura Jiangnan.

Una de sus pinturas de paisajes más representativas es "Canciones por la Carretera Montañosa". Los altos picos tienen forma de S, oscilando desde arriba hacia abajo. Una cascada cae de la montaña, y las rocas debajo del puente se fusionan con la corriente. La cascada que se avecina baja en capas por entre las montañas de arriba hacia abajo, y también conecta la pintura en un todo coherente.

"Canciones por la Carretera de Montaña"
Dinastía Ming, Tang Bohu
194.5 cm × 102.8 cm
Colección del Museo del Palacio de Taipei

"Paisaje de Qiantang"
Dinastía Min, Tang Bohu
71.4 cm × 37.2 cm
Colección del Museo del Palacio

Una Caudalosa Corriente de Agua

Además del montañismo, Tang Bohu también transitó muchos ríos famosos: caminó por la orilla del lago Baohu, también por el nostálgico Chibi, navegó en el lago Dongting y rezó a Jiu Lixian en el lago Jiu Li, en la provincia de Fujian. Durante un sueño bajo la carpa un hada "le ofreció mucha tinta". En Zhejiang, fue naturalmente al famoso Lago del Oeste, y luego se fue al sur a lo largo del río Fuchun y el río Xin'an. Los ríos eran cristalinos, se pueden ver claramente los coloridos pedruscos en el fondo del río y los peces, rodeado de montañas verdes a ambos lados de la orilla como alineadas en una pomposa bienvenida.

Debido a la esmerada observación 'in situ' de ríos y lagos, el agua en las pinturas de Tang Bohu es muy vívida. Las crecientes cascadas, la calmada superficie abierta del lago, las ondulaciones poco profundas de la corriente fueron registradas vívidamente en el papel.

La pintura "Lago y Humo Entre los Árboles" ilustra el famoso lago Taihu: el barco flota movido por el viento, la orilla está cubierta de bambú y madera, y una cabaña se divisa en el tranquilo lago. El pintor solo presenta un pequeño rincón del lago Taihu. La imagen con vastos espacios en blanco se extiende para resaltar la vasta superficie del agua. La imagen tranquila y elegante estimula al espectador a usar su infinita imaginación.

Fragmento de "Lago y Humo Entre los Árboles"
Dinastía Ming, Tang Bohu

Sueño en la Cabaña de Paja

Aunque la meta que se había establecido el autor no se cumplió a cabalidad, después de visitar miles de montañas y ríos, Tang Bohu pudo almacenar y realizar una gran cantidad de materiales pintorescos: la gran mayoría acerca del lago Taihu, también de la montaña Lushan y su majestuosidad, de la montaña Huangshan y sus extraños picos, todos ellos quedaron marcados en su corazón. En el floreciente mercado de la caligrafía y la pintura en Suzhou, Tang Bohu se ganaba la vida vendiendo sus piezas. La pintura y la caligrafía eran tanto una fuente económica como un sustento espiritual, sin hacer ilusiones o expectativas sobre su carrera.

En Taohuawu, al norte de Suzhou, Tang Bohu eligió un lugar tranquilo y silencioso para él y construyó algunas casas con techo de paja, a las cuales denominó "Templo de Flor de Durazno". El entorno circundante

también fue renovado, plantando sus amadas flores de durazno, bambúes, peonías, orquídeas y cavando un estanque para criar peces pequeños. No importa en qué estación, el Templo de Flor de Durazno contaba con hermosos paisajes. Aquí, él vivió una vida única, feliz y pacífica.

"La Tierra de los Sueños"
Dinastía Ming, Tang Bohu
28.3 cm × 103 cm
Colección del Freer Museum of Art, EE.UU.

En la cabaña sobre la montaña, un alto hombre se durmió de cara sobre el libro. En el cielo abierto a lo lejos, se halla una persona flotando, mirando hacia atrás a la abrigada cabaña. Miremos de cerca la apariencia y la ropa del hombre en el cielo, ¡es exactamente igual a la de del hombre en la cabaña! Resultó que esto era exactamente lo que soñaba Gao Shi, volar en el viento imperial. Tang Bohu pinta la realidad y la imaginación en el mismo tiempo y espacio, lleno de románticos colores de ensueño.

"Claro Sueño bajo el Sicómoro" puede considerarse como un autorretrato de Tang Bohu. Con base a esta pintura, podemos entender más en detalle el estado mental del pintor después de su época de frustración. Debajo de un sicómoro, un literato se halla acostado en una silla de mimbre, cerrando los ojos y elevando su mente, con una leve sonrisa en su rostro. El poema de inscripción en la pintura revela su despojado estado mental: "El Sicómoro está cubierto de musgo morado, y el caballero intenta emborracharse para dormir. En esta vida, las gracias ya se han dado por los méritos y la fama, los sueños serán claros sin langostas, y nunca volverán a su antigua usanza."

"Claro Sueño bajo el Sicómoro"
Dinastía Ming, Tang Bohu
62 cm × 30.9 cm
Colección del Museo del Palacio

En sus últimos años, Tang Bohu estuvo azotado por varias de enfermedades. Al enfermarse gravemente, ni siquiera podía levantar el pincel, y lamentablemente esto lo llevó a la pobreza. Su dolor frustrante y su cuerpo enfermizo hicieron que sus obras en sus últimos años reflejaran más esta depresión. El pintó muchos personajes ermitaños, figuras solitarias que parecen realmente ser su verdadero retrato. El contenido de estas imágenes es muy simple, una casa con techo de paja, algunos postes de bambú, una persona leyendo y nada más.

"Escuchando Bambú en el Kiosco Vacío"
Dinastía Ming, Tang Bohu
84.2 cm × 27.7 cm
Colección del Museo Provincial de Liaoning

Capítulo 3

UN PAR DE ASUNTOS DEL PINTOR

La Leyenda de Tang Bohu

Hay una leyenda de Tang Bohu que narra como él se encontró con una bella sirvienta llamada Qiuxiang cuando ella jugaba inocentemente en la calle. Fue un amor a primera vista. Con el fin de acercarse a Qiuxiang, Tang Bohu incluso cambió su nombre y apellido y fue donde los señores de ese sector para solicitar un trabajo. Tang Bohu actuó sagazmente, fue ágil y ganó el favor de las autoridades. Para retener a Tang Bohu, ellos estaban dispuestos a ofrecerle alguna de sus sirvientas, Tang Bohu eligió naturalmente a Qiu Xiang, y finalmente los dos se casaron esa misma noche. Solo ahí, se descubrió que este sirviente resultó ser el famoso genio Tang Bohu. Al final de la historia, por supuesto, la dama y el talentoso genio vivieron una vida feliz.

El legendario Tang Bohu no solo es elegante, sino que también conserva su elegancia en la vida real. Se dice que un día él y sus amigos estaban jugando afuera y vieron a un grupo de empresarios borrachos recitando poemas. Los dos pretenden con sus cabellos largos fingir ser mendigos y les dicen a los comerciantes que mientras tengan vino y carne para comer, también escribirán poesía. Por supuesto, los hombres de negocios no lo creyeron, por lo que le trajeron a Tang Bohu papel, pluma, vino frío.

Tang Bohu tomó la pluma y escribió las palabras "uno a uno". Los hombres de negocios se divierten, ¡qué poema es este! Tang Bohu dijo: Me gusta el vino, y solo bebo buen vino para hacer un buen poema. Tras ver la gracia, los empresarios continuaron bebiendo con ellos. Después de beber una copa de vino, Tang Bohu escribió "primero otra vez" con una pluma, hizo una pausa y escribió "uno arriba" nuevamente. Todos los presentes se inclinaron con una sonrisa: ¿cómo podría un mendigo escribir un poema?

Tang Bohu vio que casi todos se reían, así que escribió todo el poema de una vez: "uno por uno, uno tras uno, tras otro, tras otro hasta llegar a la montaña. Levanta la cabeza, el sol en su ocaso, las nubes blancas se suspenden bajas, y todos los lagos y mares nos rodean por doquier."

Las primeras oraciones son simples, y las últimas dos oraciones son valiosísimas como el oro, y mejoran el estilo de todo el poema. Todos quedaron atónitos ¿Cómo sabrían que el pequeño mendigo frente a ellos era el talentoso Tang Bohu?

Fragmento de "Lin Li Bo Shi; Los ocho inmortales bebiendo"
Dinastía Ming, Tang Bohu
Colección del "Museo Nacional del Palacio" Taipei

Escribiré si soy libre

La razón por la cual Tang Bohu "se burla de los comerciantes ricos" es probablemente porque el estilo de poesía de Tang Bohu no está limitado por el ritmo, la métrica y la rima, al igual que su gente que se manifiesta libremente y sin restricciones.

Echemos un vistazo al poema que escribió después de salir de prisión y regresar a Suzhou. En ese momento, Tang Bohu estaba en el fondo de su vida, sufriendo el escrutinio de la mirada de la gente esnob y los indiferentes encuentros con sus seres queridos, en completa pobreza. Pero este poema fue escrito con el fuerte y franco temperamento de los literatos y expresa muy sinceramente:

Expreso mi voluntad
Sin alquimia, sin meditación, sin cultivar campos para los comerciantes.
Si vienes aquí para escribir, lo venderás por la colina verde,
¡no para ganar dinero y seguir haciendo el mal en la tierra!

La vida de Tang Bohu estaba llena de baches, pero las generaciones futuras admiraban sus reconocidas y elegantes obras, su personalidad y espíritu libre. De hecho, gradualmente hemos construido un Tang Bohu ideal. Este Tang Bohu es sin duda más feliz que Tang Bohu de la historia real. Se atrevió a burlarse de los ricos y poderosos, y finalmente con su amor pudo formar una familia. Incluso algunas pinturas altamente calificadas, poemas de espíritu libre, la gente está dispuesta a realzar a su nombre.

La combinación de estas dos versiones, la ideal y la real, pretende hacer que Tang Bohu, que había caído vivo durante su vida, fluya por el mundo y se convierta en el pintor legendario más popular entre los chinos.

"Bambú en Tinta"
Dinastía Ming, Tang Bohu
49.8 cm × 17.3 cm
Colección del Museo Metropolitano de Arte

Flores que Caen en Desconcierto

Frente a su estanque de flor de durazno, Tang Bohu plantó medio acre de peonías. Las flores de peonía brotan en primavera y a menudo, Tang Bohu invitaba a sus amigos a beber, pintar y disfrutar de la poesía frente al paisaje. Los brotes florecen por un estricto período de tiempo, desde su floración hasta su caída dispersa en el barro, que inevitablemente le recuerda sus propias fragilidades: cuando era joven, era enérgico y cuando era viejo, estaba solo y enfermo. ¿será el mismo destino de las Peonías? La leyenda dice que Tang Bohu a menudo lloraba debajo de las flores y recogía los pétalos uno por uno y los envolvía en el suelo. El "Poema de Flores al Caer" también es muy apreciado; ha generado canciones y poesía. Hoy en día circulan muchos volúmenes en tinta de "Poema de Flores al Caer" lo que permite a la gente de hoy en día vislumbrar la tristeza más allá de la razón del Primer Genio de Jiangnan.

Ya sea vendiendo caligrafía o pintura, el ingreso no siempre fue satisfactorio. Esto sumado al temperamento desenfrenado de Tang Bohu, a menudo incapaz de llegar a fin de mes, la vida se tornó muy pobre en el ocaso de su vida. Una generación de genios, cayendo incluso hasta el fondo de la vergüenza al no tener dinero para comprar alcohol. Aun así, el renunciaba a su espíritu elegante y romántico, ¡tal vez esta es una de las razones por las que puede ser conmemorado y alabado por innumerables descendientes cientos de años después!

Fragmento de "Poema de Flores al Caer"
Dinastía Ming, Tang Bohu
Colección del Museo de Suzhou

坐看芳菲了悶中。曲教
遮護屏展風。銜蜂蠶熟
香粘白。梁燕粟減濕補
紅。困色可憐難再潯。酒
杯何故不教堂。懸肯馬
莫車輪下。一片西飛一